Inhalt

Controlling - Das Controlling der Zukunft wird schlanker und eine integrierte Funktion des Finanzbereichs

Kernthesen

Beitrag

Fallbeispiele

Weiterführende Literatur

Impressum

Controlling - Das Controlling der Zukunft wird schlanker und eine integrierte Funktion des Finanzbereichs

M. Westphal

Kernthesen

- Nach dem Fokus auf Produktionsbereiche und bestimmte Verwaltungsprozesse gerät auch der Finanzbereich in das Blickfeld für Rationalisierungsmaßnahmen.
- Der Finanzbereich muss sich zunehmend Benchmark- und Best-Practice-Vergleichen unterziehen.
- Neben einem Trend zum Outsourcing und

Offshoring bestimmter Aufgaben und Prozesse des Finanzbereichs wird auch die Strategie der Integration des internen und externen Rechnungswesens verfolgt.
- Der zunehmende Einsatz von IT- und Kommunikationstechnologie führt zu einem hohen Personalabbau in allen Verwaltungsbereichen, insbesondere aber im Finanzbereich.

Beitrag

Der Margendruck und die fortschreitende Globalisierung zwingen die Unternehmen immer noch zu Prozessoptimierungen in allen Bereichen. Die Hebel zur Kostensenkung sind Standardisierung, Harmonisierung, Automatisierung und Konsolidierung wie auch der verstärkte Einsatz von IT und führen jetzt auch zu einschneidenden Veränderungen im Finanzbereich.

Auch der Finanzbereich gerät zunehmend in den Fokus von Restrukturierungsmaßnahmen

Accounting, Treasury, Controlling: Alle diese

benachbarten Finanzdisziplinen geraten auf der Suche nach wettbewerbsfähigen Kostenstrukturen zunehmend in den Fokus von Restrukturierungsmaßnahmen. Das Streben nach mehr Effizienz im Finanzbereich versetzt diesen in einen Umbruch. So wachsen die einzelnen Finanzfunktionen zusammen und eine wachsende Anzahl von Unternehmen errichtet Shared Service Center oder verfolgt Offshore- oder Outsourcing-Strategien. (8)

Die Kosten des Personals werden in diesem Zusammenhang immer weiter sinken. Allerdings wird das Offshoring nur ein temporäres Phänomen darstellen, da sich die Faktorkostenvorteile angleichen werden. (6)

In der Vergangenheit war der CFO der Treiber von Effizienz- und Performancesteigerung im Unternehmen. Aber der wachsende Druck zu Effizienzsteigerungen sowie das Zusammenwachsen des internen und externen Rechnungswesens und die aktuellen Entwicklungen in der IT des Finanzbereichs führen auch zu massiven Veränderungen der Finanzprozesse und der organisation. (8)

Durch Standardisierung, Industrialisierung und Auslagerung können die Kosten gesenkt werden, gleichzeitig muss der CFO aber die Fäden in der Hand behalten, um die Effektivität aufrecht zu erhalten. Im Controlling werden durchschnittlich 9,3 Mitarbeiter pro 1 000 Mitarbeiter eingesetzt. (8)

Benchmarking und Best-Practice-Vergleiche gewinnen auch für den Finanzbereich an Bedeutung

Benchmark- und Best-Practice-Vergleiche vergleichen inzwischen die Performance des eigenen Finanzbereichs mit der anderer Unternehmen. Damit wird auch der Druck auf den Finanzbereich erhöht, dafür müssen dann plausible und valide Benchmarks zur Verfügung stehen. [(8)](#)
Im Rahmen von Benchmarks werden derzeit Kennzahlen wie "Finanzkosten im Verhältnis zum Umsatz" ermittelt. Als World Class gilt in diesem Zusammenhang ein Wert unter 0,5 Prozent. Die schlechtesten Unternehmen weisen demgegenüber Werte auf im Bereich von 3,5 bis vier Prozent auf. [(8)](#)
Gemäß Horvath & Partner liegt der Kostenbenchmark im Industriedurchschnitt für den Controllingbereich bei 0,35 Prozent vom Umsatz. [(8)](#)
Auffällig bei im Benchmarkvergleich führenden Unternehmen sind effiziente Prozesse, schlanke Organisationsformen und wenig komplexe IT-Lösungen für den Finanzbereich. [(8)](#)

Wesentliche Potentiale zu Effizienzsteigerung im Finanzbereich liegen in der Aufgabe der Zweiteilung in internes und externes Rechnungswesen

Zu erkennen ist, dass deutsche Unternehmen die strikte Zweiteilung des Rechnungswesens in das für den externen nach HGB-Abschluss ausgerichtete Rechnungswesen und das interne für entsprechende Steuerungszwecke aufgeben. Vor allem Großunternehmen setzen inzwischen auf ein integriertes Rechnungswesen. (8)
Begünstigt wird dieser Trend durch IFRS-Regeln und die entsprechenden ökonomischen Sichtweisen. Dazu gehört dann auch der Verzicht auf kalkulatorische Kostenarten, ein im gesamten Unternehmen einheitlicher Kontenplan sowie unternehmensweit einheitliche Controllingmethoden. (8)
Die Effizienzsteigerung, die aus dem Zusammenwachsen von internem und externem Rechnungswesen resultiert, ist der Wegfall der doppelten Prozesse, Systeme und Strukturen zur Generierung von Daten bzw. Erstellung von Berichten durch die beiden Rechnungswesen. (8)

Controller müssen sich gezielt weiterbilden. Sie werden zunehmend als Business-Partner gefragt, denn das Finanzmanagement übernimmt eine Führungsrolle. (7)

Outsourcing erfasst auch den Finanzbereich

Heute denkt man im Rahmen von Outsourcing häufig an Produktionsbetriebe. Aber inzwischen werden auch Verwaltungsfunktionen wie das Rechnungswesen erfasst. (3)
Die Automatisierung von Verwaltungsfunktionen führt im Personalbereich zu weiteren Rationalisierungen. Der Druck auf den Arbeitsmarkt ist mit einem Strukturwandel wie dem der industriellen Revolution zur Jahrhundertwende vergleichbar und ist weder umzukehren noch zu verhindern. (2), (3), (5)
Das zunehmende Outsourcing setzt das Rechungswesen wachsenden Risiken aus. Die damit versprochenen Prozessverbesserungen und Kosteneinsparungen werden aber häufig durch mangelnde Qualität kompensiert, die nicht den hohen Qualitätsanforderungen gerecht werden. (7) Insbesondere sich ständig ändernde Steuergesetzgebung ist aus der Ferne schwer erkenn-

und nutzbar, sodass das kontinuierliche Um- und Weiterdenken nur vor Ort stattfinden kann. (7)

Die sinkenden Kosten für IT und Kommunikation werden mittelfristig zu einer Eingrenzung von Offshoring-Aktivitäten führen

Günstigere und bessere Technologie-Infrastrukturen werden zu Personalabbau im Finanzbereich führen. Komplexe Softwaresysteme und die Integration betriebswirtschaftlicher Abläufe auf Unternehmensebene erfordern weniger Personal. Einer Untersuchung von A. T. Kearney zu folge ist bereits relativ kurzfristig mit dem Wegfall von 49 000 Arbeitsplätzen zu rechnen. (2)
Es wird erwartet, dass der Kostenanteil im Bereich Technologie und Kommunikation die Personalkosten mittelfristig übersteigen werde. Sobald dieser Umstand eintritt, wird sich das Auslagern von Arbeitsplätzen in Billiglohnländer nicht mehr lohnen. Allerdings sind die Kosten heute noch zu einem großen Teil von Personalaufwand geprägt, sodass viele Länder bestimmte Tätigkeiten oder Prozesse in Billiglohnländer auslagern. (2)
Außerdem werden sich die Faktorkostenniveaus

zwischen den einzelnen Ländern stärker angleichen was darüber hinaus die Attraktivität für ein internationales Outsourcing verringert. So haben sich die Lohnkosten in Irland denen von London schon sehr angeglichen. (3)
Unterschiedliche Stellschrauben zu Effizienzsteigerungen im Verwaltungsbereich werden in den kommenden Jahren den Aufwand in Summe um etwa 40 bis 60 Prozent senken. (3)

Wachsende Technologie- und Kommunikationsinfrastrukturen werden zu einem hohen Personalabbau in Verwaltungsbereichen führen

Die Technologie- und Kommunikationsinfrastrukturen werden immer leistungsfähiger und kostengünstiger. Diese Entwicklung führt zu branchenübergreifendem, schrumpfendem Personalbedarf in Verwaltungsfunktionen, der schon seit etwa 15 bis 20 Jahren anhält. Grundstein lag in der Einführung der ERP-Programme (Enterprise Ressource Planning) wie SAP, da in diesen die Daten im Prozess nur noch einmal erfasst werden sowie der Integration betriebswirtschaftlicher Abläufe auf Unternehmensebene. Damit wird Zeit eingespart und Fehlerquellen werden minimiert. Einfachere Prozesse wie Datenerfassung und abstimmung entfallen. (3), (5)

Zwar war die Einführung der ERP-Software für die Unternehmen teuer, da insbesondere die Anpassung der Software an die Prozesse wie aber auch die Anpassung der Prozesse an die Software mit hohen Beratungsausgaben verbunden war. So wurden je Euro, der in Softwarelizenzen investiert wurde noch einmal sechs Euro für Beratungsleistungen fällig. (6)

In vielen Unternehmen sieht es ähnlich aus: Die Systemlandschaften der IT sind künstlich aufgebläht, Prozesse werden in den verschiedenen Abteilungen trotz verschiedener Harmonisierungen immer noch unterschiedlich gehandhabt. Kosten sind wenig transparent. (4)

Es ist nicht möglich, über die eingesetzte Software Rückschlüsse darüber zu ziehen, ob der Finanzbereich effizient und effektiv arbeitet. (1)

Die häufig über ein Unternehmen hinweg recht unterschiedlich gestalteten Prozesse müssen vereinheitlicht werden. So kann die Nutzung eines unternehmensweit einheitlichen Kontenplans in der Buchhaltung die Basis für einheitliche Prozesse schaffen. (3)

Sehr große Potentiale liegen in einer stärkeren

Automatisierung der Abläufe z. B. in der Buchhaltung, die vollautomatisch ablaufen könnte. (3)

Fallbeispiele

Die Hackett Group untersucht als Beratungsunternehmen die administrativen Geschäftsprozesse in Unternehmen mit einem Umsatz von mindestens 500 Millionen Euro. Auch wenn die Hackett Group mit einem stark standardisierten Verfahren arbeitet, macht es unter dieser Größenordnung keinen Sinn, Unternehmen untereinander im Benchmark zu vergleichen. Erst ab dieser Größenordnung ist die Vergleichbarkeit wichtiger Kennzahlen wie z. B. "Bearbeitungszeit einer Rechnung" möglich.
Die Hackett Group hat inzwischen eine Datenbank mit Analyseergebnissen von 2 000 Unternehmen insbesondere aus Nordamerika aufgebaut.
Diese Datenbank erlaubt eine Kategorisierung in Best Practices und damit auch ein Benchmarking. So werden strategische Sub-Prozesse von Vergleichsunternehmen komplett offen gelegt. Die Berater der Hackett Group leisten dann gerne

Unterstützung bei der Umsetzung von abgeleiteten Maßnahmen aus den unterschiedlichen Prozesskennzahlen. (1)

Laut den Analysen der Hackett Group ist der Standort eines Shared Service Centers für den Finanzbereich weitaus weniger entscheidend als eine Standardisierung und Simplifizierung der Geschäftsprozesse. (1)

Zu beachten ist auch, dass ein mehr an IT-Nutzung nicht zu mehr Komplexität führt. Unternehmen, die nichts für den Komplexitätsabbau in der IT getan haben, besitzen im Finanzbereich um 30 Prozent höhere Kosten als Unternehmen, die ihre IT-Komplexität senken, so Ergebnisse aus der Hackett-Datenbank. (1)

Weiterführende Literatur

(1) „IT hilft bei Prozessoptimierung"
aus is report, Heft 9/2006, S. 10

(2) Industrie streicht Verwaltungsstellen
aus Handelsblatt Nr. 152 vom 09.08.06 Seite 15

(3) Offshoring - ein Phänomen mit Halbwertszeit?
aus Frankfurter Allgemeine Zeitung, 07.08.2006, Nr. 181, S. 18

(4) Flexibel durch Prozess-Schablonen
aus Computerwoche, 04.08.2006, Nr. 31 Seite 30-31

(5) A.T. Kearney: ERP-Systeme vernichten 100 000 Arbeitsplätze
aus PC-Welt Online, Meldung vom 09.08.2006

(6) Einfache Software ersetzt komplizierte Menschen
aus "Computerwelt" Nr. 35-36 / 2006 vom 22.08.2006

(7) Wandel im Finanz- und Rechnungswesen erhöht Notwendigkeit der eigenen Weiterbildung BVBC-Präsident Uwe Jüttner: "Die aktuellen Entwicklungen aktiv mitgestalten"
aus Bilanzbuchhalter und Controller, Heft 07/2006, S. 179

(8) Michel, Uwe, Der Finanzbereich im Umbruch, Controlling, Heft 8-9/2006, S. 439 - 445
aus Bilanzbuchhalter und Controller, Heft 07/2006, S. 179

Impressum

Controlling - Das Controlling der Zukunft wird schlanker und eine integrierte Funktion des Finanzbereichs

Bibliografische Information der deutschen Nationalbibliothek

Die Deutsche Nationalbibliothek verzeichnet diese Publikation in der deutschen Nationalbibliografie; detaillierte bibliografische Daten sind im Internet über http://dnb.d-nb.de abrufbar.

ISBN: 978-3-7379-0038-6

© 2015 GBI-Genios Deutsche Wirtschaftsdatenbank GmbH, Freischützstraße 96, 81927 München, www.genios.de

Alle Rechte vorbehalten. Dieses Werk ist einschließlich aller seiner Teile – z.B. Texte, Tabellen und Grafiken - urheberrechtlich geschützt. Jede Verwertung außerhalb der Grenzen des Urheberrechtsgesetzes bedarf der vorherigen Zustimmung des Verlags. Dies gilt insbesondere auch für auszugsweise Nachdrucke, fotomechanische Vervielfältigungen (Fotokopie/Mikroskopie), Übersetzungen, Auswertungen durch Datenbanken oder ähnliche Einrichtungen und die Einspeicherung und Verarbeitung in elektronischen Systemen.